Impressum
Verlag: BABADADA GmbH, Nedderfeld 112 , 22529 Hamburg
Geschäftsführer / Verlagsleitung: Harald Hof
Druck: Books on Demand GmbH, In de Tarpen 42, 22848 Norderstedt

Imprint
Publisher: BABADADA GmbH, Nedderfeld 112 , 22529 Hamburg, Germany
Managing Director / Publishing direction: Harald Hof
Print: Books on Demand GmbH, In de Tarpen 42, 22848 Norderstedt, Germany

училище

школа

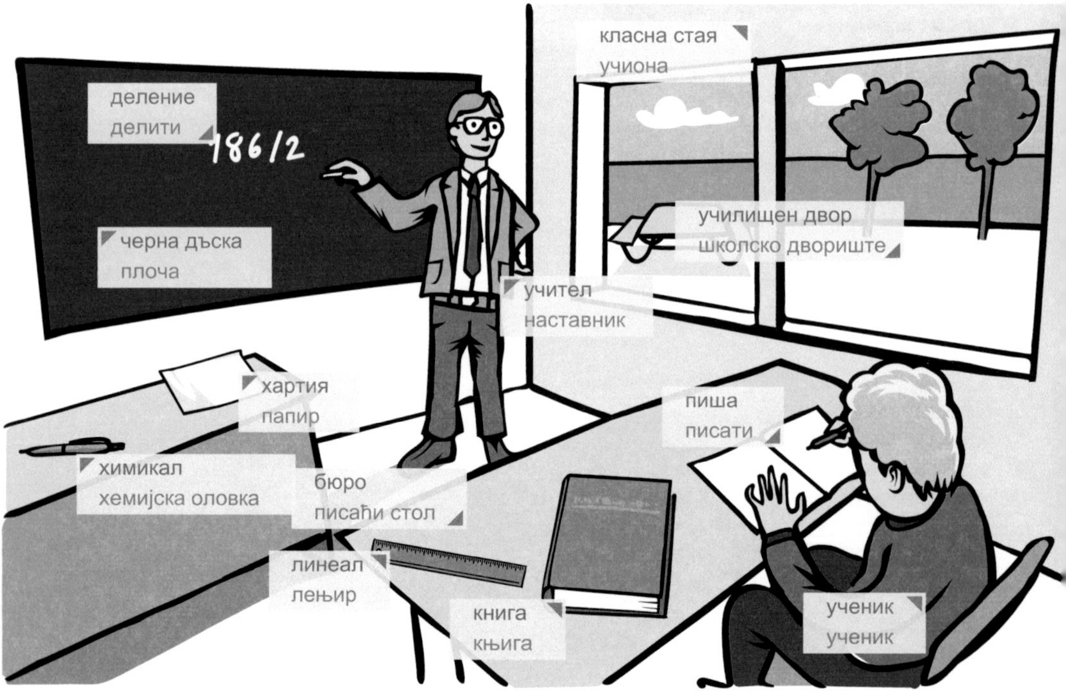

класна стая
учиона
деление
делити
186/2
черна дъска
плоча
училищен двор
школско двориште
учител
наставник
хартия
папир
пиша
писати
химикал
хемијска оловка
бюро
писаћи стол
линеал
лењир
книга
књига
ученик
ученик

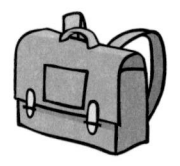

ученическа раница

торба

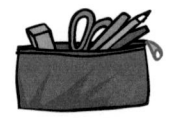

ученически несесер

перница

молив

графитна оловка

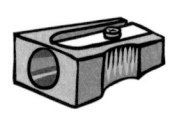

острилка за моливи

шиљило за оловке

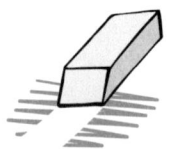

гума

гумица за брисање

блок за рисуване

блок за цртање

рисунка

цртеж

четка

кист

акварелни бои

кутија са бојама

ножица

маказе

лепило

лепило

тетрадка за упражнения

бележница

домашна работа

домаћи задатак

число

број

събиране

сабирати

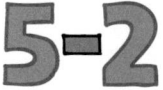

изваждане

одузимати

умножение

множити

смятане

рачунати

буква

слово

азбука

абецеда

дума

реч

текст
текст

чета
читати

тебешир
креда

час
час

дневник на класа
дневник

изпит
испит

свидетелство
сведочанство

ученическа униформа
школска униформа

образование
образовање

справочник
лексикон

университет
универзитет

микроскоп
микроскоп

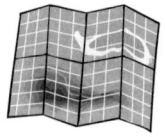

карта
карта

кошче за хартиени
отпадъци
кошара за папир

пътуване
путовање

хотел
хотел
Grand
хостел
преноћиште
ROOMS
EXCHANGE
обменно бюро
мењачница
куфар
кофер
кола
ауто

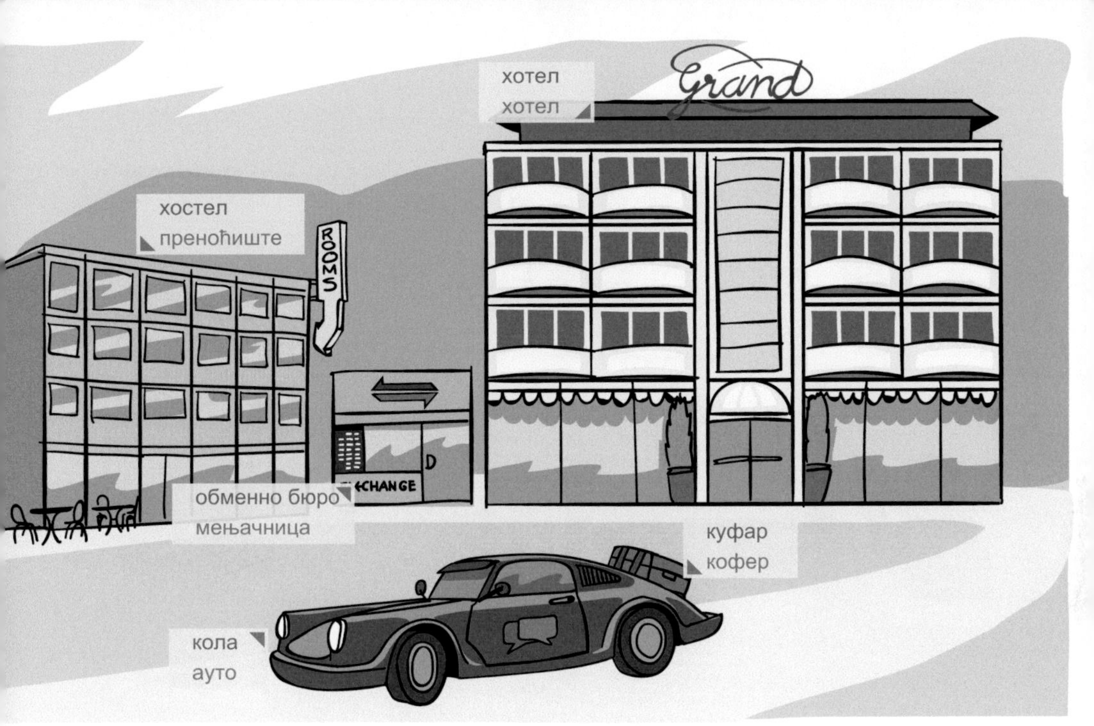

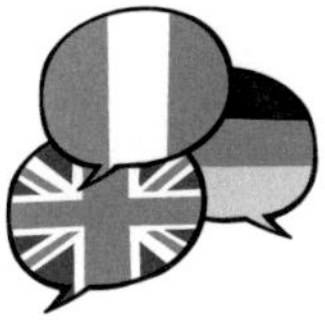

език

језик

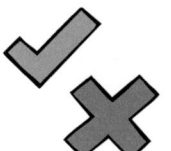

да / не

да / не

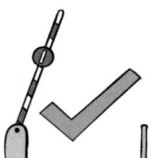

Окей

океј

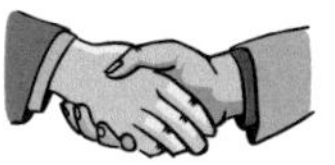

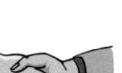

здравей

здраво

преводач

преводилац

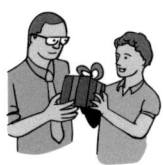

Благодаря

хвала

Колко струва...?

Колико кошта...?

Не разбирам

не разумем

проблем

проблем

Добър вечер!

добро вече!

Добро утро!

Добро јутро!

Лека нощ!

Лаку ноћ!

довиждане

довиђења

посока

смер

багаж

пртљага

пътна чанта

торба

раница

руксак

посетител

гост

стая

соба

спален чувал

врећа за спавање

палатка

шатор

туристическа информация

туристичке информације

плаж

плажа

кредитна карта

кредитна картица

закуска

доручак

обед

ручак

вечеря

вечера

билет

карта за вожњу

асансьор

лифт

пощенска марка

поштанска маркица

граница

граница

митница

царина

посолство

амбасада

виза

виза

паспорт

пасош

пътуване - путовање

транспорт

транспорт

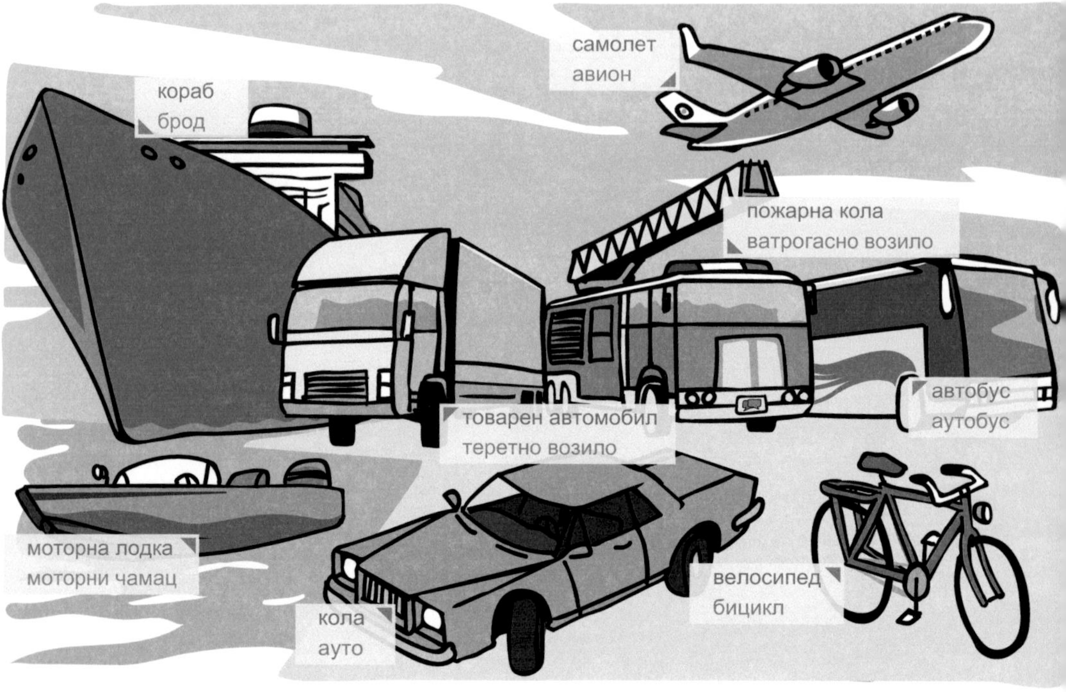

самолет
авион
кораб
брод
пожарна кола
ватрогасно возило
автобус
аутобус
товарен автомобил
теретно возило
моторна лодка
моторни чамац
велосипед
бицикл
кола
ауто

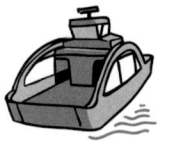

ферибот

трајект

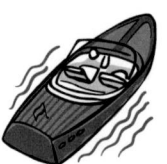

лодка

чамац

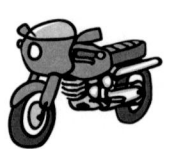

мотоциклет

мотоцикл

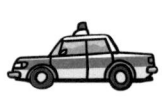

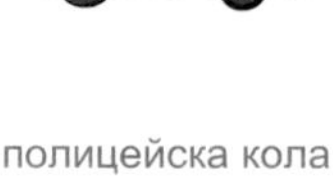

полицейска кола

полицијски ауто

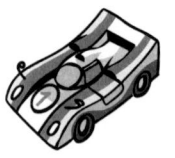

състезателна кола

тркаћи ауто

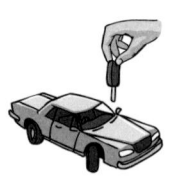

кола под наем

изнајмљено ауто

каршеринг
....
делење аутомобила

автомобил от "Пътна
помощ"
....
вучно возило

сметовоз
....
возило за одвоз смећа

двигател
....
мотор

бензин
....
бензин

бензиностанция
....
бензинска станица

пътен знак
....
саобраћајни знак

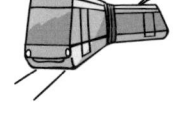

улично движение
....
саобраћај

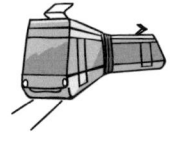

задръстване
....
застој

паркинг
....
паркиралиште

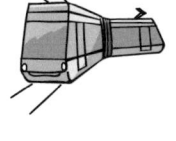

гара
....
железничка станица

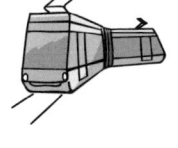

релси
....
шине

влак
....
воз

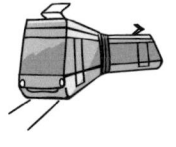

трамвай
....
трамвај

вагон
....
вагон

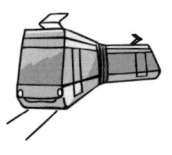
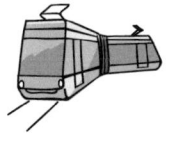

хеликоптер

хеликоптер

аерогара

аеродром

кула

кула

пасажер

путник

контейнер

контејнер

кашон

картон

ръчна количка

колица

кошница

корпа

излитам / приземявам се

узлетети / слетети

град

град

село

село

градски център

центар града

къща

кућа

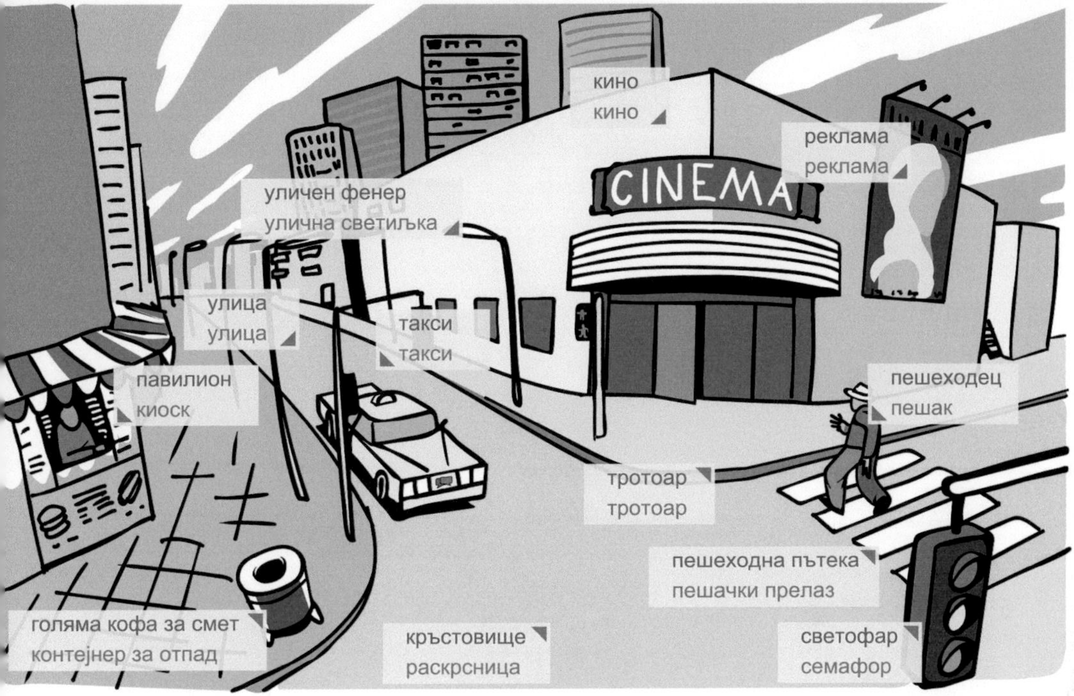

кино
кино

реклама
реклама

уличен фенер
улична светилька

улица
улица

такси
такси

павилион
киоск

пешеходец
пешак

тротоар
тротоар

пешеходна пътека
пешачки прелаз

голяма кофа за смет
контейнер за отпад

кръстовище
раскрсница

светофар
семафор

хижа

колиба

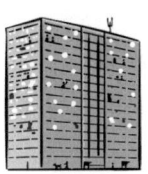

жилище

стан

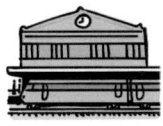

гара

железничка станица

кметство

веќница

музей

музеј

училище

школа

град - град

университет

университет

банка

банка

болница

болница

хотел

хотел

аптека

апотека

офис

канцеларија

книжарница

књижара

магазин за цветя

продавница

магазин за цветя

цвеђара

супермаркет

супермаркет

пазар

трг

универсален магазин

робна куђа

търговец на риба

рибарница

търговски център

трговачки центар

пристанище

лука

парк

парк

пейка

клупа

мост

мост

стълба

степенице

метро

подземна железница

тунел

тунел

автобусна спирка

аутобуска станица

бар

бар

ресторант

ресторан

пощенска кутия

поштанско сандуче

улична табелка

улични знак

часовник за паркинг
престой

паркирни аутомат

зоологическа градина

зоолошки врт

плувен басейн

базен

джамия

џамија

селски двор

сеоско газдинство

замърсяване на околната
среда

загађење околине

гробище

гробље

църква

црква

детска площадка

игралиште

храм

храм

пейзаж
пејсаж

листо
лист

пътепоказател
путоказ

път
пут

ливада
ливада

камък
камен

дърво
дрво

пътешественик
шетач

река
река

трева
трава

цвете
цвет

долина

долина

планина

планина

море

језеро

гора

шума

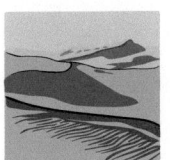

пустиня

пустиња

вулкан

вулкан

замък

дворац

дъга

дуга

гъба

гљива

палма

палма

комар

москито

муха

мува

мравка

мрав

пчела

пчела

паяк

паук

пейзаж - пејсаж

брамбар
буба

жаба
жаба

катеричка
веверица

таралеж
јеж

заек
зец

кукумявка
сова

птица
птица

лебед
лабуд

диво прасе
дивља свиња

елен
јелен

лос
лос

бент
насип

вятърна турбина
ветрењача

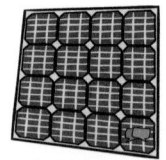

соларен модул
соларна плоча

климат
клима

ресторант

ресторан

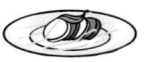

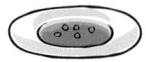

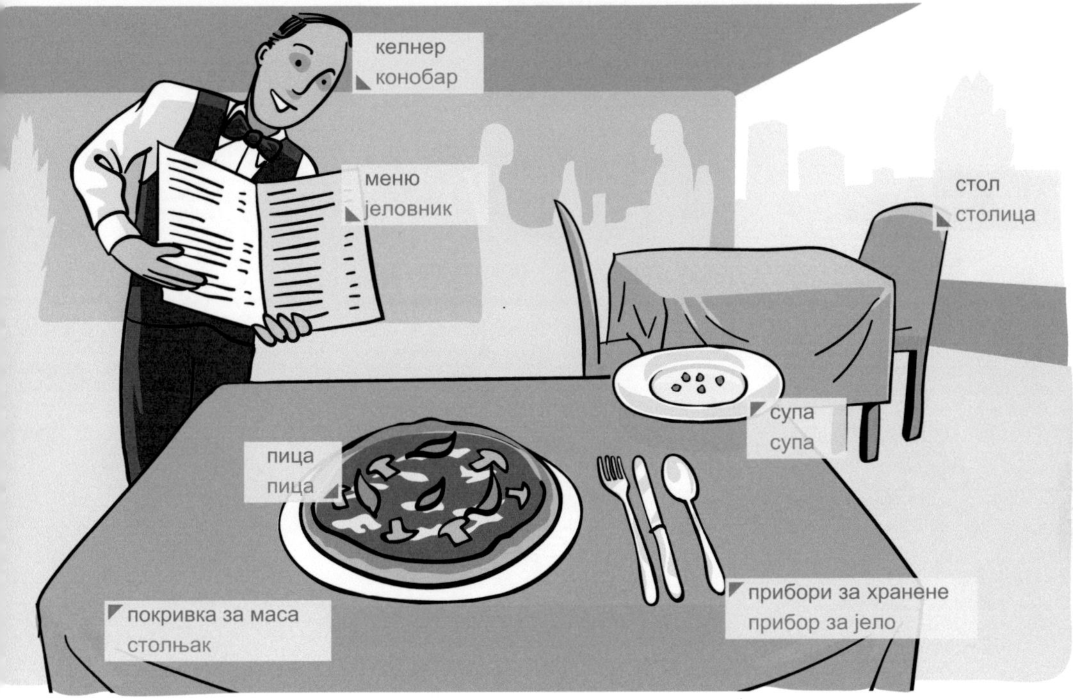

келнер
конобар
меню
јеловник
стол
столица
супа
супа
пица
пица
прибори за хранене
прибор за јело
покривка за маса
столњак

предястие

предјело

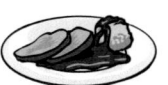

основно ястие

главно јело

десерт

десерт

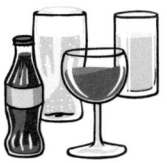

напитки

напитци

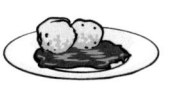

ядене

јело

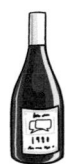

бутилка

флаша

бързо хранене

брза храна

улична храна

имбис храна

кана за чай

чајник

кутия за захар

доза за шећер

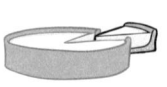

порция

порција

еспресо машина

апарат за еспресо

висок детски стол

висока столица

сметка

рачун

табла

послужавник

ножица за нокти

нож

вилица

виљушка

лъжица

кашика

чаена лъжичка

чајна кашика

салфетка

салвета

стъклена чаша

чаша

ресторант - ресторан

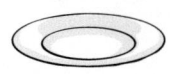

чиния
....
тањир

чиния за супа
....
тањир за супу

чинийка
....
тањирић

сос
....
сос

солница
....
сољенка

мелничка за черен пипер
....
млин за бибер

оцет
....
сирће

олио
....
уље

подправки
....
зачини

кетчуп
....
кечап

горчица
....
сенф

майонеза
....
мајонеза

супермаркет
супермаркет

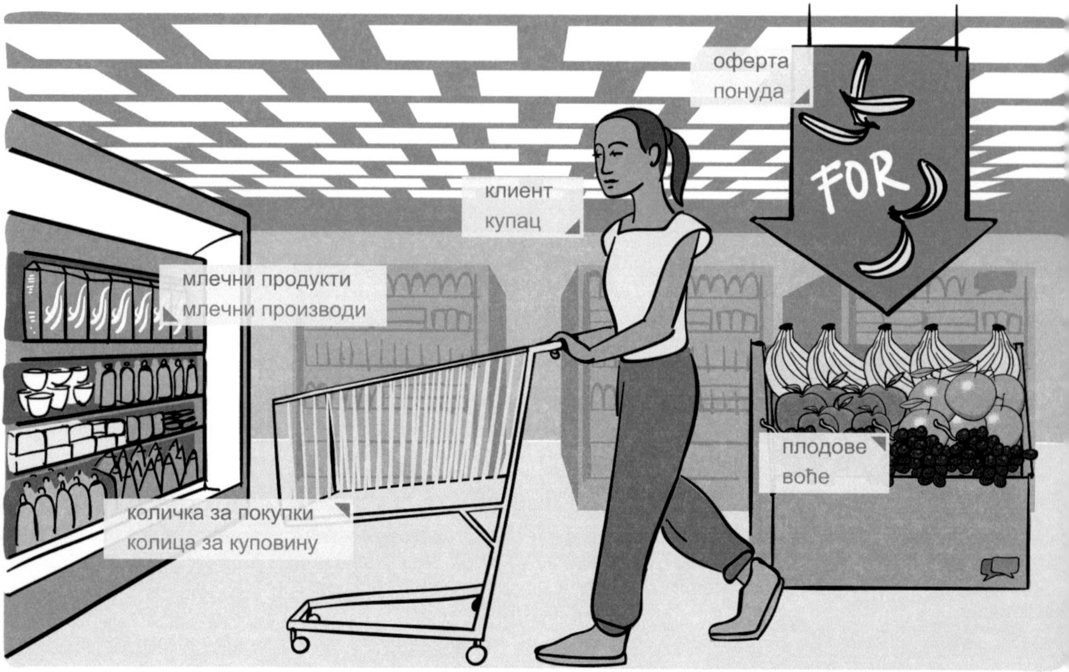

оферта
понуда
клиент
купац
FOR
млечни продукти
млечни производи
плодове
воће
количка за покупки
колица за куповину

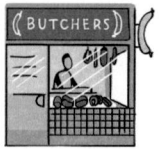

BUTCHERS

кланица

месница

BAKERY

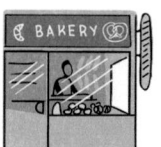

хлебарница

пекара

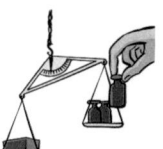

тегля

вагати

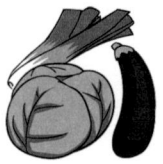

зеленчуци

поврће

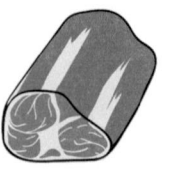

месо

месо

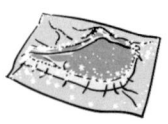

дълбоко замразена храна

смрзнута храна

нарязан колбас или
~~сирене~~
нарезак

консерви

конзерве

перилен препарат

средство за прање

лакомства

слаткиши

домакински изделия

артикли за домаћинство

почистващи препарати

средства за чишћење

продавачка

продавачица

каса

благајна

касиер

благајник

списък на покупките

листа за куповину

работно време

време рада

портфейл

новчаник

кредитна карта

кредитна картица

чанта

торба

пластмасова торба

пластична кеса

вода

вода

сок

сок

мляко

млеко

кола

кола

вино

вино

бира

пиво

алкохол

алкохол

какао

какао

чай

чај

кафе машина

кава

еспресо

еспресо

капучино

капућино

банан

банана

ябълка

јабука

портокал

наранџа

пъпеш

лубеница

лимон

лимун

морков

шаргарепа

чесън

бели лук

бамбук

бамбус

лук

лук

гъба

гљива

ядки

орашасти плодови

макарони

резанци

спагети

шпагете

ориз

рижа

салата

салата

пържени картофи

помфрит

печени картофи

печени крумпир

пица

пица

хамбургер

хамбургер

сандвич

сендвич

шницел

шницла

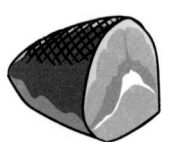

шунка

шунка

траен колбас

салама

салам

кобасица

пиле

кокош

печено

печење

риба

риба

овесени ядки

зобене пахуљице

мюсли

мусли

корнфлейкс

кукурузне пахуљице

брашно

брашно

кроасан

кроасан

хлебчета

пециво

хляб

хлеб

препечена филийка

тоаст

бисквити

кекси

масло

маслац

извара

свежи сир

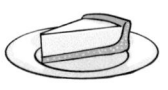

сладкиш

колач

яйце

jaje

яйца на очи

jaje на око

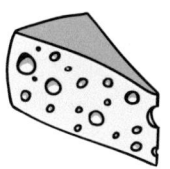

сирене

сир

ядене - jело

сладолед

сладолед

захар

шећер

мед

мед

мармалад

мармелада

нуга крем

нугат крема

къри

кари

ядене - jело

селски двор

сеоско газдинство

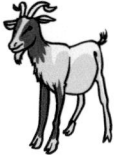

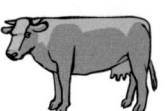

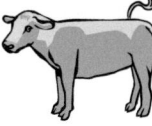

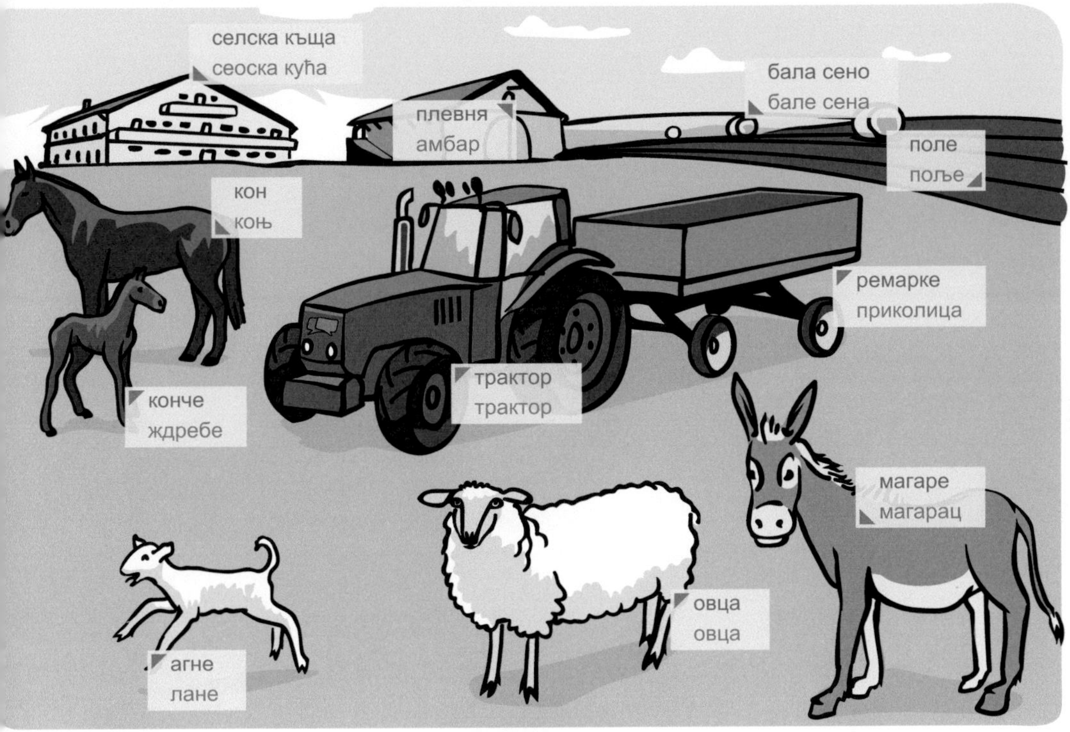

селска къща
сеоска кућа
плевня
амбар
бала сено
бале сена
поле
поље
кон
коњ
ремарке
приколица
конче
ждребе
трактор
трактор
магаре
магарац
овца
овца
агне
лане

коза

коза

крава

крава

теле

теле

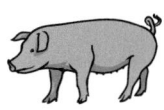

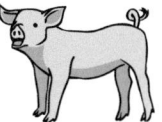

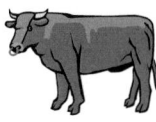

свиня

свиња

прасенце

прасе

бик

бик

гъска

гуска

патица

патка

пиленце

пилићи

кокошка

кокош

петел

петао

плъх

пацов

котка

мачка

мишка

миш

вол

вол

куче

пас

кучешка колиба

кућица за пса

градински маркуч

вртно црево

лейка

канта за поливање

коса

коса

плуг

плуг

сърп
срп

мотика
мотика

вила за тор
виљушка за ђубриво

брадва
секира

ръчна количка
тачке

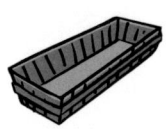

корито
корито

съд за мляко
посуда за млеко

чувал
врећа

ограда
ограда

обор
штала

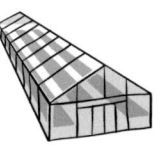

парник
стакленик

земя
земља

сеитба
семе

тор
ђубриво

комбайн
комбајн

жъна

жети

реколта

жетва

ямс

јамс зачин

жито

пшеница

соја

соја

картоф

крумпир

царевица

кукуруз

рапица

уљана репица

овощно дърво

воћка

маниока

гомољ маниоке

зърнени храни

житарице

къща

кућа

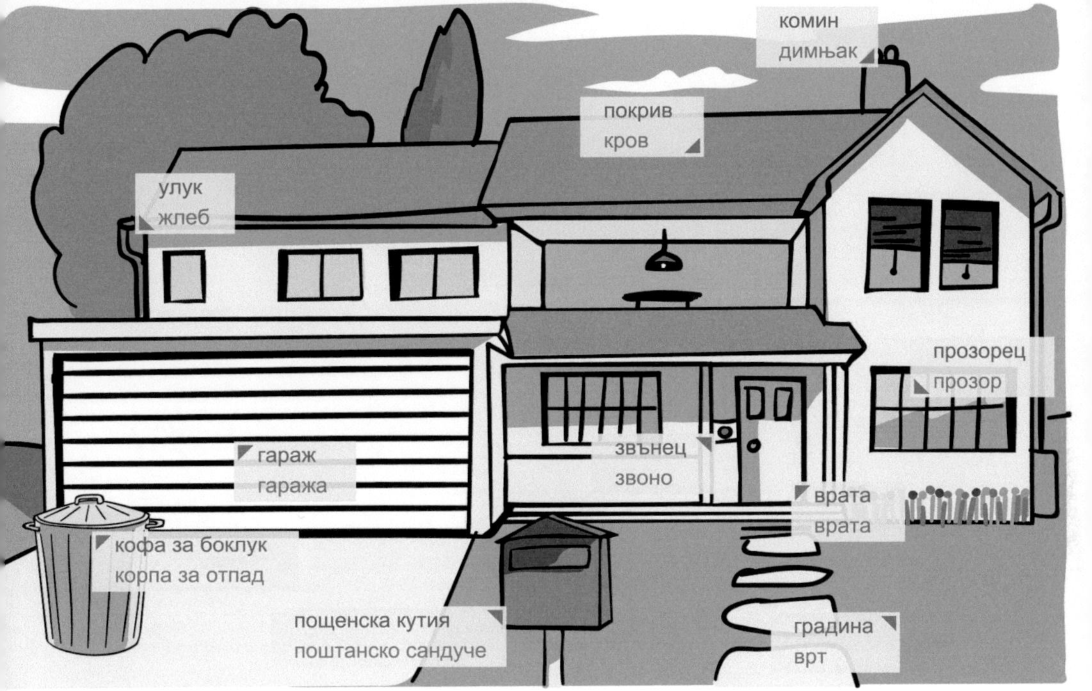
комин
димњак
покрив
кров
улук
жлеб
прозорец
прозор
гараж
гаража
звънец
звоно
врата
врата
кофа за боклук
корпа за отпад
пощенска кутия
поштанско сандуче
градина
врт

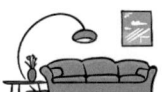

всекидневна

дневна соба

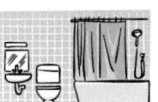

баня

купаоница

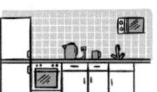

кухня

кухиња

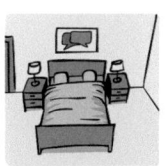

спалня

спаваћа соба

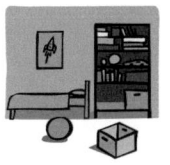

детска стая

дечија соба

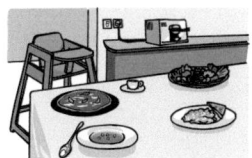

трапезария

трпезарија

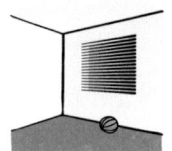

под

под

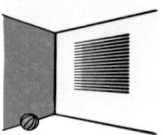

стена

зид

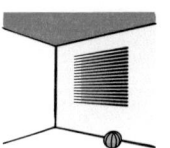

таван

строп

изба

подрум

сауна

сауна

балкон

балкон

тераса

тераса

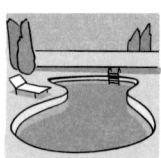

плувен басейн

базен

косачка

косилица за траву

спално бельо

постељина за кревет

покривка за легло

дека за кревет

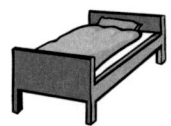

легло

кревет

метла

метла

кофа

канта

електрически ключ

прекидач

всекидневна

дневна соба

тапет
тапета
картина
слика
лампа
светиљка
рафт
регал
шкаф
ормар
телевизор
телевизија
камина
камин
цвете
цвет
възглавница
јастук
канапе
кауч
ваза
ваза
дистанционно управление
даљински управљач

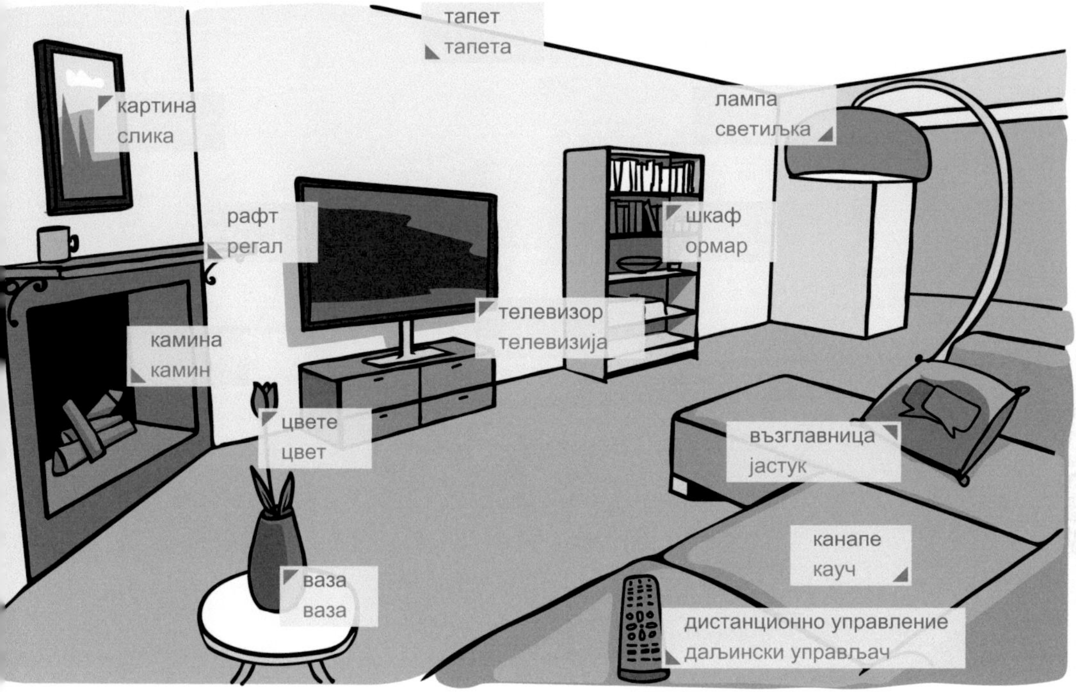

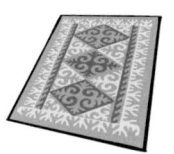

килим

тепих

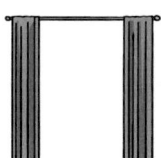

завеса

завеса

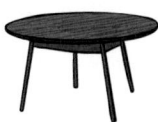

маса

сто

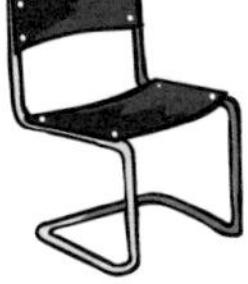

стол

столица

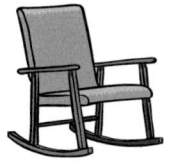

люлеещ се стол

столица за њихање

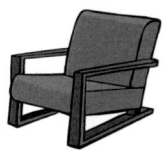

кресло

фотеља

книга

књига

одеяло

дека

декорация

декорација

дърва за отопление

дрво за огрев

филм

филм

стерео уредба

хи-фи уређај

ключ

вестник

новине

живопис

слика на платну

постер

постер

радио

радио

бележник

блок за писање

прахосмукачка

усисивач

кактус

кактус

свещ

свећа

кухня

кухиња

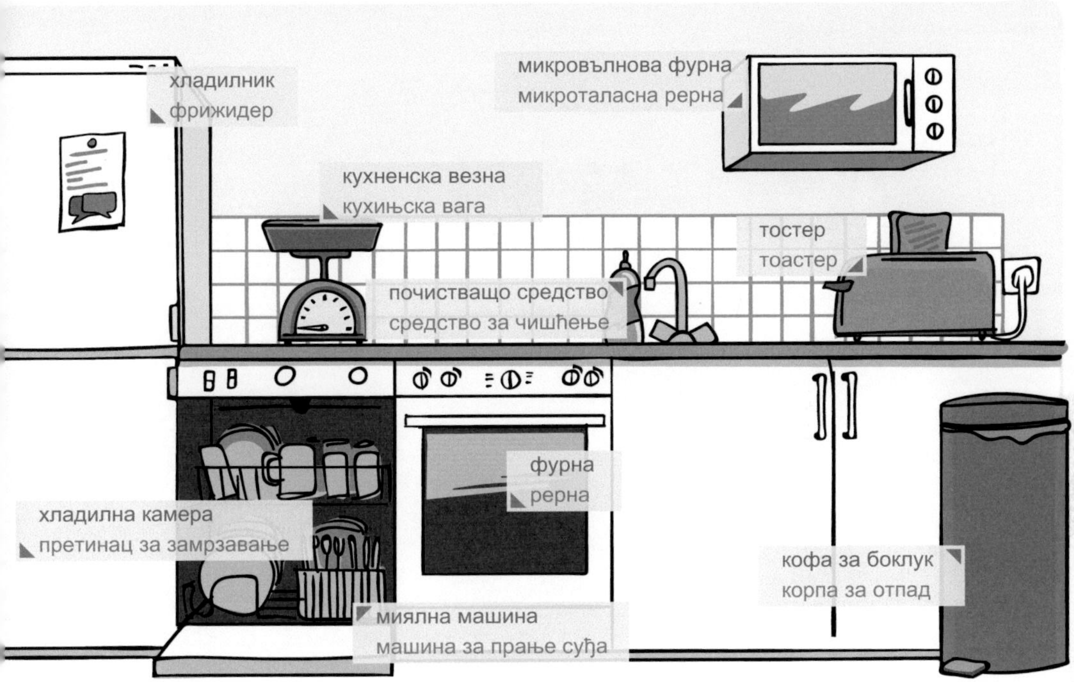
хладилник
фрижидер
микровълнова фурна
микроталасна рерна
кухненска везна
кухињска вага
тостер
тоастер
почистващо средство
средство за чишћење
фурна
рерна
хладилна камера
претинац за замрзавање
кофа за боклук
корпа за отпад
миялна машина
машина за прање суђа

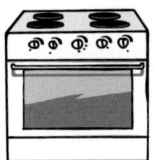

готварска печка

шпорет

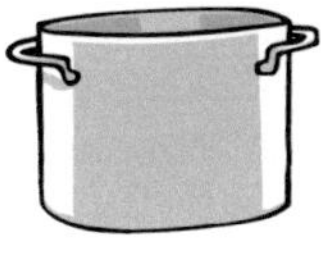

тенджера

лонац

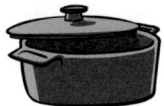

желязна тенджера

гвоздени лонац

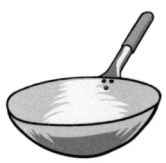

уок / кадаи

вок / кадаи

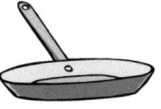

тиган

тава

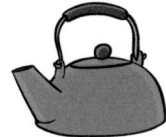

кана за затопляне на вода

кувало за воду

уред за готвене на пара

кувало на пару

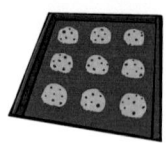

тава за печене

лим за печење

съдове

посуђе

чаша

чаша

купа

посуда

клечки за хранене

штапићи за јело

черпак

кутлача

лопатка за тиган

лопатица

тел за разбиване (на яйца, белтъци)

пењача

кошница за варене

сито за кување

гевгир

сито

ренде

рибеж

хаван

мужар

барбекю

роштиљ

огнище

огњиште

дъска

даска

точилка

оклагија

тирбушон

вадичеп

кутия

конзерва

отварачка за консерви

отварач конзерви

кухненска ръкохватка

крпа за лонац

мивка

судопер

четка

четка

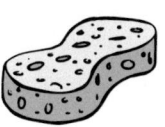

гъба

сунђер

миксер

миксер

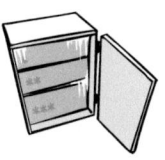

фризер

замрзивач

бебешко шише

флашица за бебе

воден кран

славина за воду

баня

купаоница

отопление
грејање
хавлиена кърпа
пешкир
душ
туш
завеса за баня
завеса за туш
шампоан за вана
пенушава купка
вана
када
стъклена чаша
чаша
перална машина
машина за прање веша
воден кран
славина за воду
плочки
плочице
гърне
тута
мивка
судопер

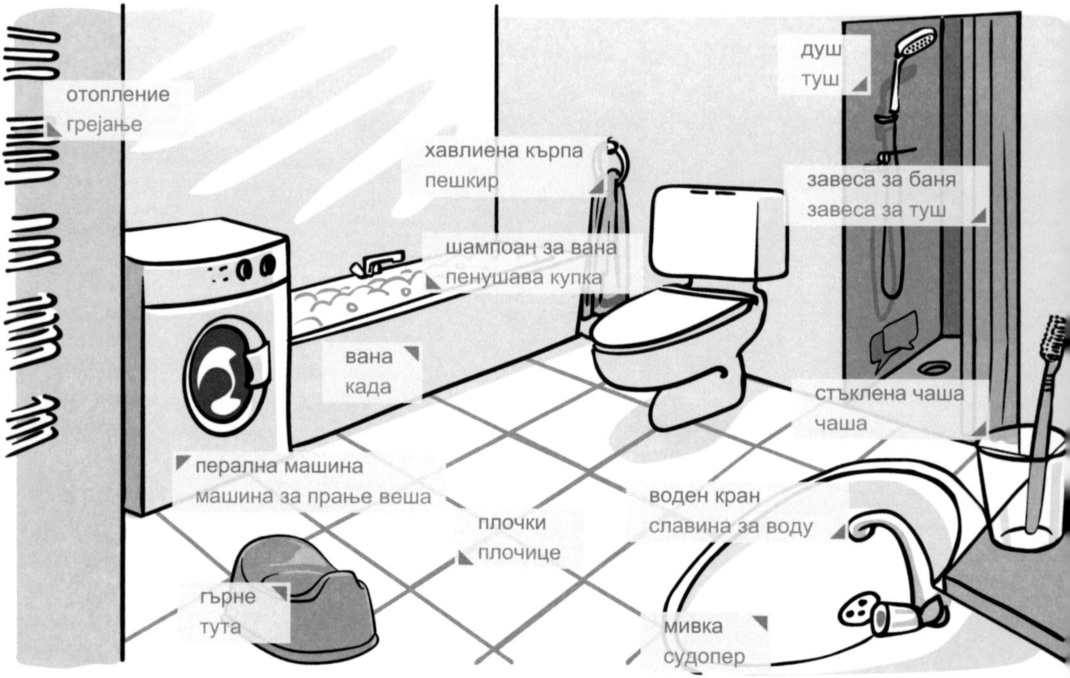

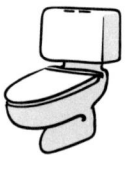

тоалетна

тоалет

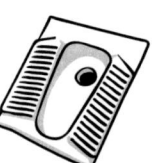

клекало

чучавац

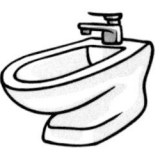

биде

бидет

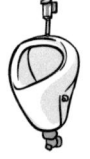

писоар

писоар

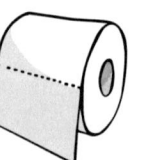

тоалетна хартия

тоалетни папир

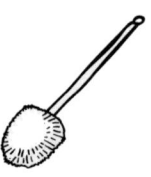

четка за тоалетна

четка за тоалет

четка за зъби

четкица за зубе

паста за зъби

паста за зубе

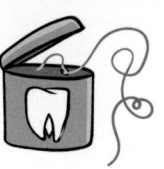

конец за зъби

конац за зубе

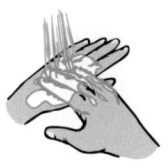

мия

прати

ръчен душ

туш ручица

интимен душ

туш за прање интимних делова

леген

лавор

четка за гръб

четка за прање леђа

сапун

сапун

душ гел

гел за туширање

шампоан за вана

шампон

гъба за баня

крпа за прање

сифон

одвод

крем

крема

дезодорант

дезодоранс

баня - купаоница

огледало

огледало

козметично огледало

козметичко огледало

ръчна самобръсначка

бријач

пяна за бръснене

пена за бријање

одеколон за след бръснене

лосион за после бријања

гребен

чешаљ

четка

четка

сешоар

фен за косу

спрей за коса

спреј за косу

грим

шминка

червило

руж за усне

лак за нокти

лак за нокте

памук

вата

ножица за нокти

маказе за нокте

парфюм

парфем

толетна чантичка
козметичка торбица

табуретка
столица

везна
вага

хавлия
огртач

домакински ръкавици
рукавице за чишћење

тампон
тампон

дамски превръзки
уложак

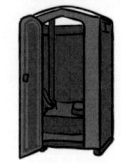

химическа толетна
хемијски тоалет

детска стая
дечија соба

будилник
будилник
плюшена играчка
плишана играчка
автомобил играчка
ауто играчка
дрънкалка
звечка
къща за кукли
кућица за лутке
подарък
поклон

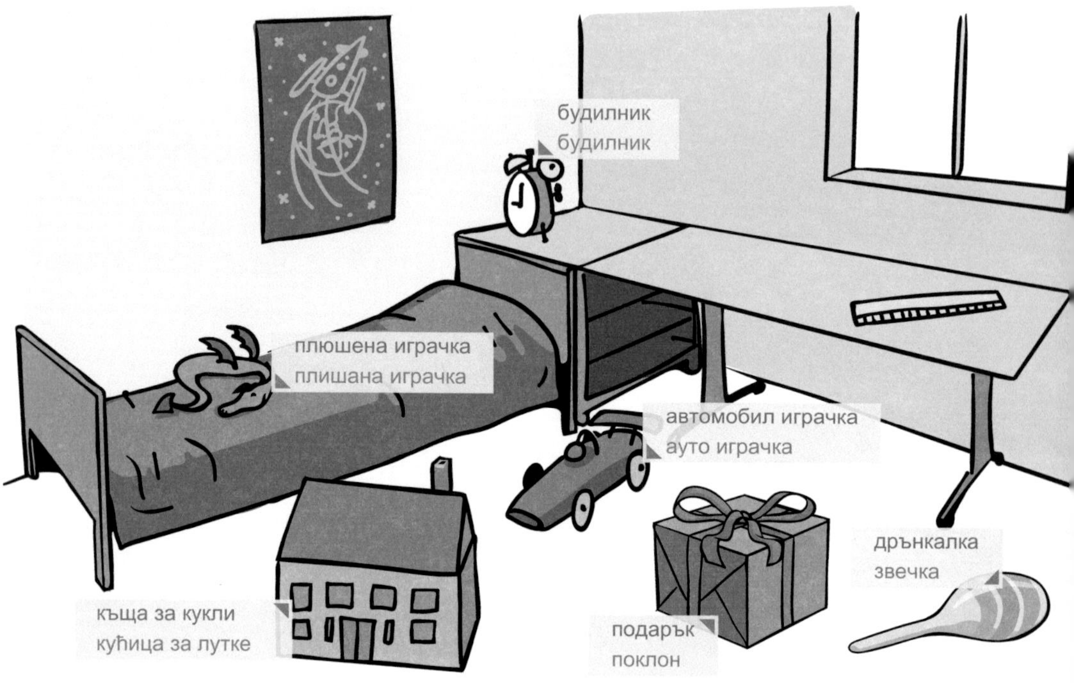

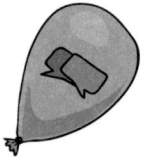

балон

балон

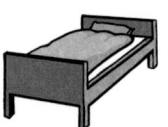

легло

кревет

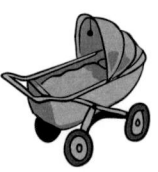

детска количка

дјечија колица

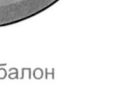

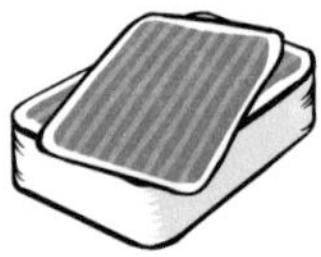

игра на карти

игра са картама

пъзел

слагалица

SUPER
MEGA

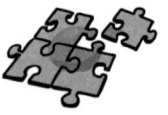

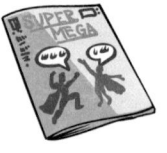

комикс

стрип

лего елементи

лего коцкице

строителни елементи

коцкице за слагање

екшън фигурка

акциони јунак

бебешки гащеризон

бенкица за бебе

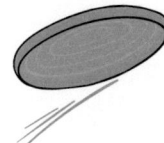

фрисби

фризби

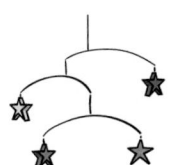

бебешки играчки за легло

висеће играчке

настолна игра

друштвене игре

зарче

коцка

миниатюрно влакче

минијатурна жељезница

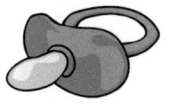

биберон

дуда

парти

забава

детска книга с илюстрации

сликовница

топка

лопта

кукла

лутка

играя

играти

пясъчник

пешчаник

люлка

љуљачка

играчка

играчка

игрова конзола

конзола за игре

велосипед с три колелета

трицикл

плюшено мече

теди

гардероб

ормар

облекло

одећа

къси чорапи

кратке чарапе

дълги чорапи

чарапе

чорапогащник

хулахопке

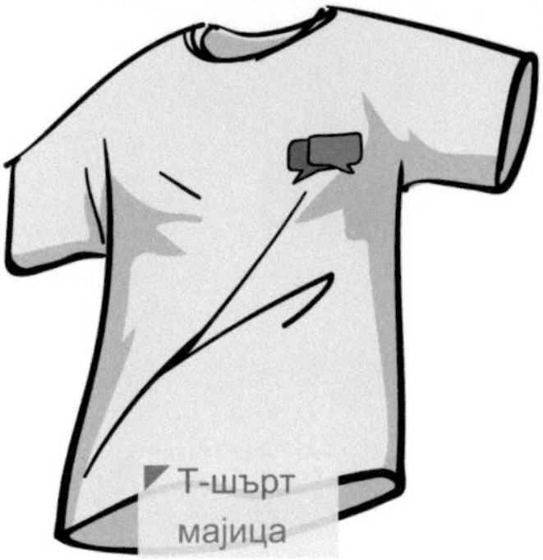

шал
шал

колан
каиш

чадър
кишобран

Т-шърт
мајица

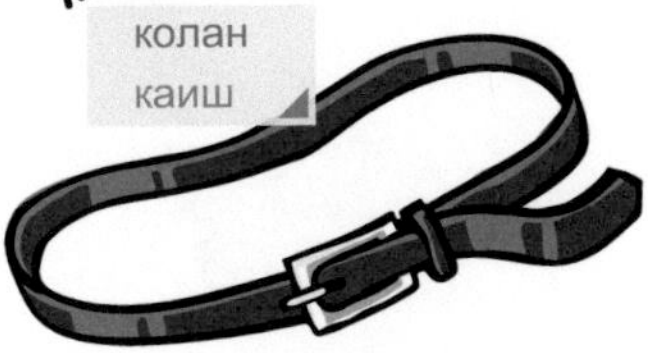

ботуши
чизме

пантофи
папуче

гуменки
патике

сандали
······················
сандале

обувки
······················
ципеле

гумени ботуши
······················
гумене чизме

слип
······················
гаћице

сутиен
······················
грудњак

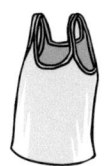

долна блуза
······················
поткошуља

боди

боди

панталон

панталоне

дънки

фармерке

пола

сукња

блуза

блуза

риза

кошуља

пуловер

џемпер

суичър

џемпер с капуљачом

блейзър

сако

яке

јакна

палто

мантил

дъждобран

кабаница

костюм

костим

рокля

хаљина

булчинска рокля

венчаница

костюм
....
одело

нощница
....
спаваћица

пижама
....
пиџама

сари
....
сари

кърпа за глава
....
марама за главу

тюрбан
....
турбан

бурка
....
бурка

кафтан
....
кафтан

абая
....
абаја

бански костюм
....
купаћи костим

плувни шорти
....
купаће гаћице

към панталон
....
кратке панталоне

анцуг
....
одећа за тренинг

престилка
....
кецеља

ръкавици
....
рукавице

копче

дугме

очила

наочаре

гривна

наруквица

верижка

огрлица

пръстен

прстен

обеца

наушница

каскет

капа

закачалка

вешалица

шапка

шешир

вратовръзка

кравата

цип

патент затварач

каска

кацига

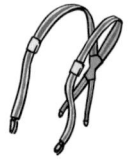

тиранти

нараменице

ученическа униформа

школска униформа

униформа

униформа

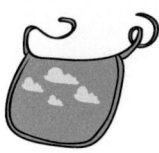

лигавник

подбрадак

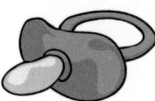

биберон

дуда

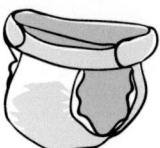

пелена

пелена

офис

канцеларија

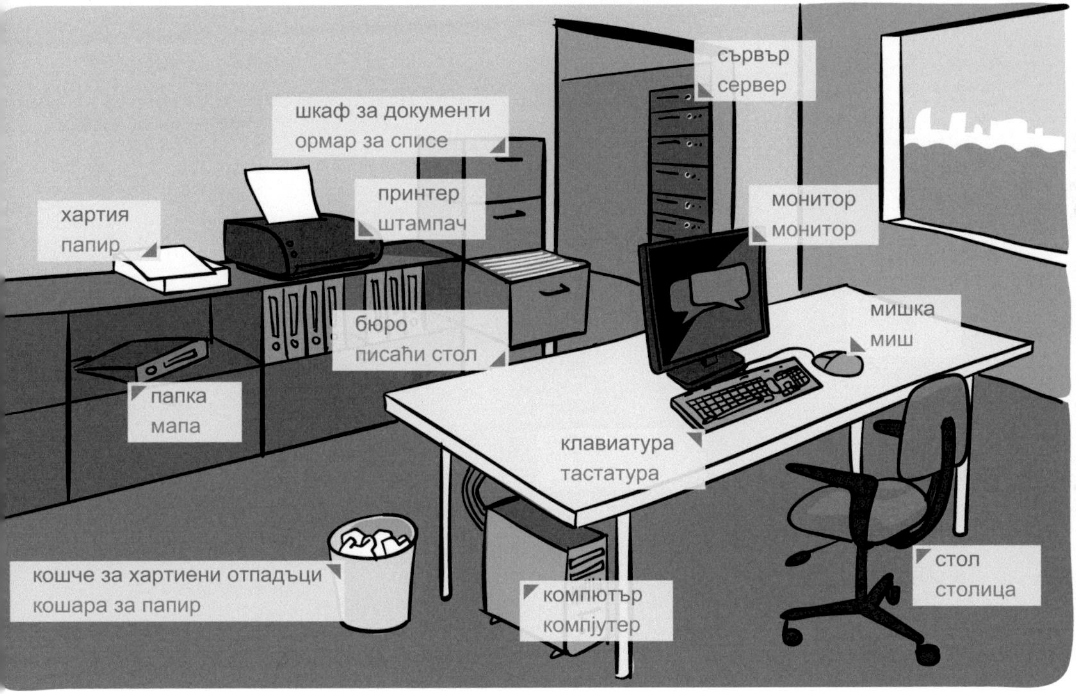

сървър
сервер
шкаф за документи
ормар за списе
принтер
штампач
хартия
папир
монитор
монитор
мишка
миш
бюро
писаћи стол
папка
мапа
клавиатура
тастатура
кошче за хартиени отпадъци
кошара за папир
компютър
компјутер
стол
столица

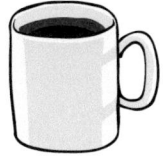

чаша за кафе

шалица за каву

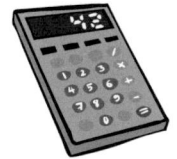

джобен калкулатор

калкулатор

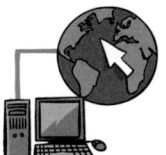

интернет

интернет

лаптоп

лаптоп

писмо

писмо

съобщение

порука

мобилен телефон

мобилни телефон

мрежа

мрежа

ксерокс

уређај за копирање

софтуер

софтвер

телефон

телефон

контакт

утичница

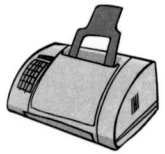

факс

факс

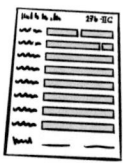

формуляр

формулар

документ

документ

купувам

куповати

плащам

платити

търгувам

трговати

пари

новац

 **USD**

долар

долар

 **EUR**

евро

евро

JPY

йена

јен

RUB

рубла

рубља

CHF

швейцарски франк

швајцарски франак

CNY

ренминби юан

ренминдби јуан

INR

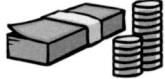

рупия

рупија

банкомат

аутомат за новац

обменно бюро
мењачница

злато
злато

сребро
сребро

нефт
нафта

енергия
енергија

цена
цена

договор
уговор

данък
порез

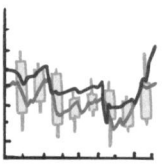

акция
деонице

работя
радити

служител
службеник

работодател
послодавац

фабрика
фабрика

магазин за цветя
продавница

професии

занимања

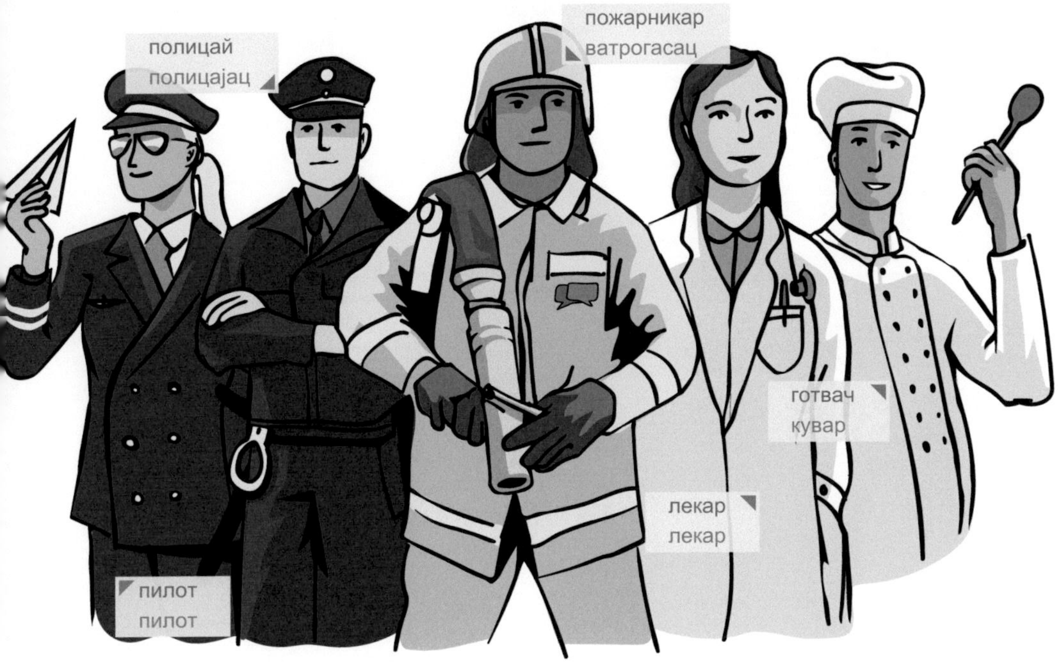
пожарникар
ватрогасац
полицай
полицајац
готвач
кувар
лекар
лекар
пилот
пилот

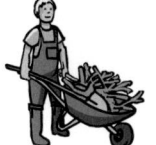

градинар

вртлар

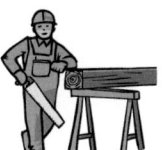

мебелист

столар

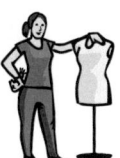

шивачка

кројачица

съдия

судија

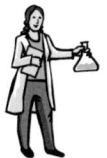

химик

хемичар

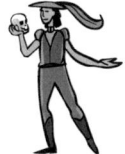

артист

глумац

шофьор на автобус

возач аутобуса

шофьор на такси

возач таксија

рибар

рибар

чистачка

чистачица

майстор на покриви

кровопокривач

келнер

конобар

ловец

ловац

художник

сликар

хлебар

пекар

електротехник

електричар

строителен работник

грађевински радник

инженер

инжењер

касапин

месар

тенекеджия

лимар

пощальон

поштар

войник

војник

архитект

архитекта

касиер

благајник

цветар

цвеќар

фризьор

фризер

кондуктор

кондуктер

механик

механичар

капитан

капетан

зъболекар

зубар

научен работник

научник

равин

раби

имàм

имам

монах

монах

свещеник

свећеник

инструменти

алати

чук
чекић
отвертка
одвијач
клещи
клешта
гаечен ключ
кључ за завртње
джобна лампа
џепна лампа

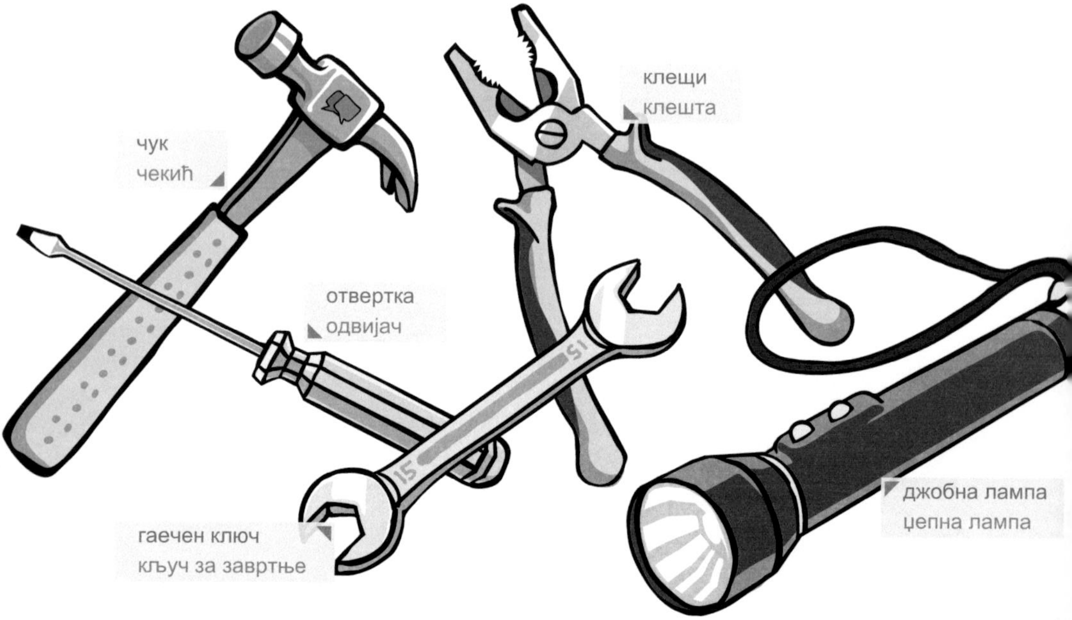

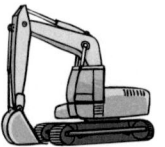

багер

багер

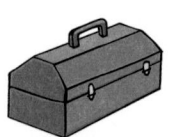

кутия за инструменти

кутија за алат

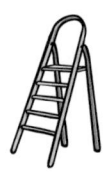

стълба

мердевине

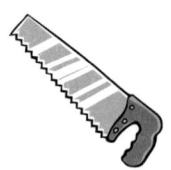

трион

пила

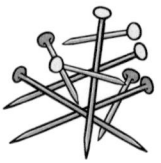

пирони

ексер

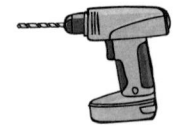

бормашина

бушилица

ремонтирам
....
поправити

лопата
....
лопата

По дяволите!
....
до ђавола!

лопатка за смет
....
лопатица

кутия за боя
....
лонац за боју

болтове
....
завртањи

музикални инструменти
музички инструмент

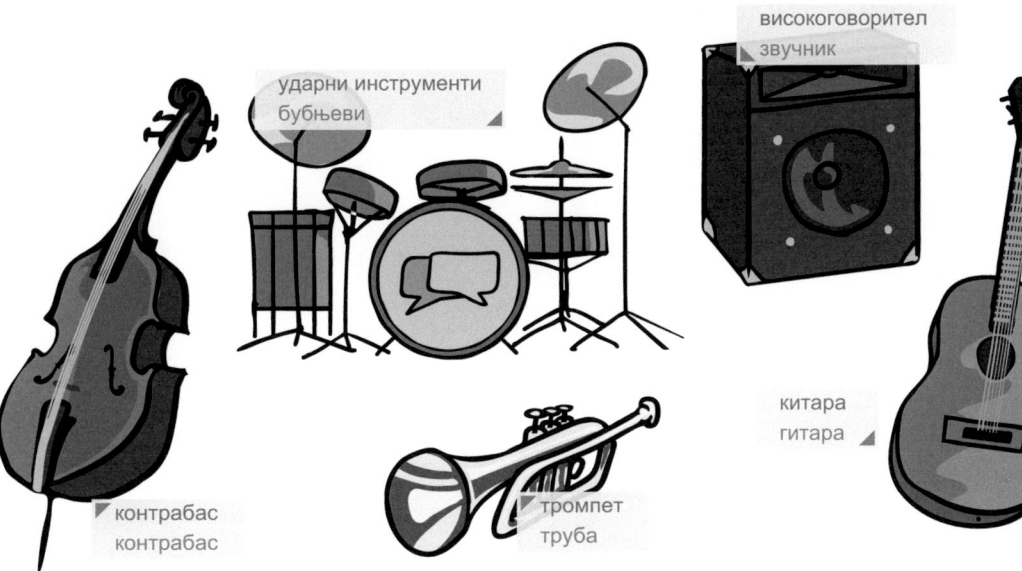

висококоговорител
звучник

ударни инструменти
бубњеви

китара
гитара

контрабас
контрабас

тромпет
труба

пиано

клавир

виолина

виолина

контрабас

бас

тимпан

тимпани

барабан

удараљке за бубњеве

електрическо пиано

типке клавира

саксофон

саксофон

флейта

флаута

микрофон

микрофон

музикални инструменти - музички инструмент

зоологическа градина

зоолошки врт

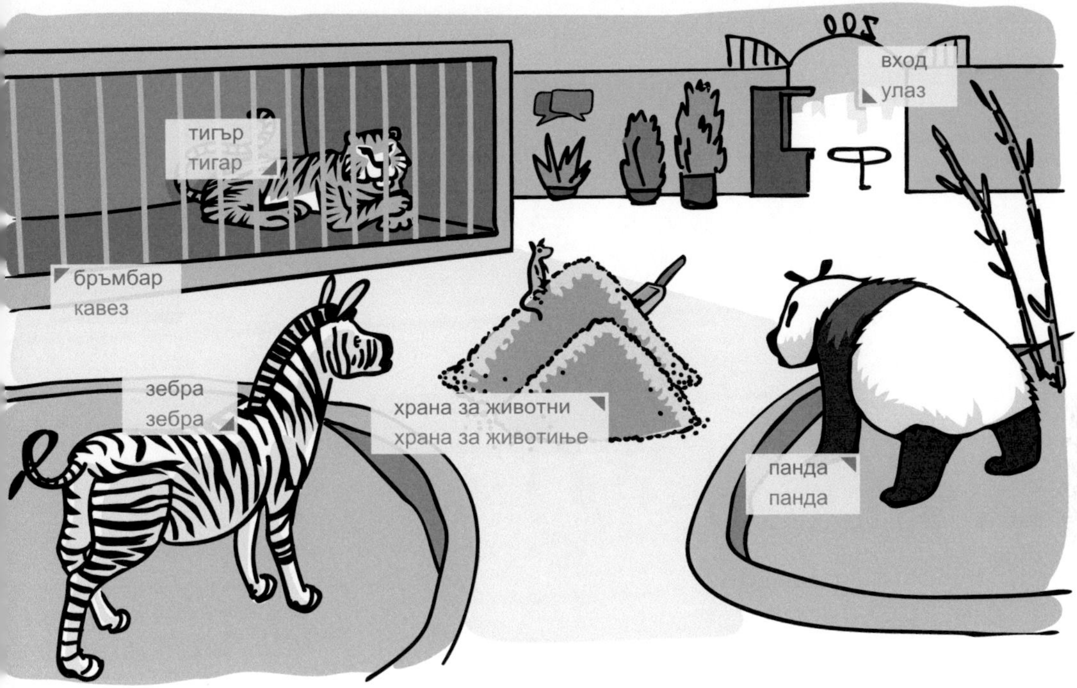

zoo
вход
улаз
тигър
тигар
бръмбар
кавез
зебра
зебра
храна за животни
храна за животиње
панда
панда

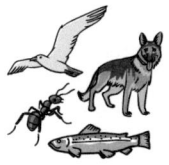

животни

животиње

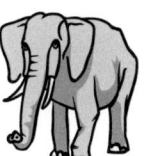

слон

слон

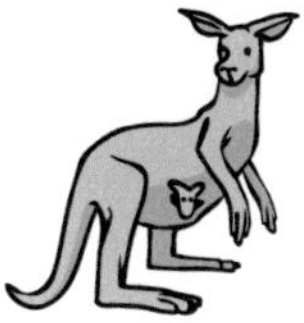

кенгуру

кенгур

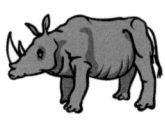

носорог

носорог

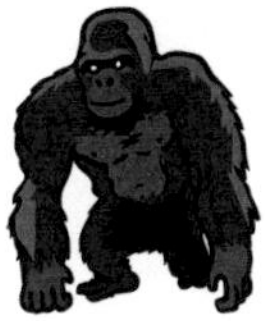

горила

горила

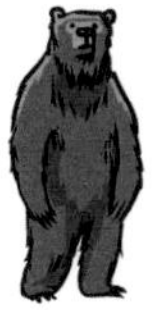

мечка

медвед

камила

камила

щраус

нoj

лъв

лав

маймуна

маjмун

фламинго

фламинго

папагал

папагаj

бяла мечка

поларни медвед

пингвин

пингвин

акула

аjкула

паун

паун

змия

змиjа

крокодил

крокодил

пазач в зоологическа
градина

чувар у зоолошком врту

тюлен

туљан

ягуар

jагуар

пони

пони

леопард

леопард

хипопотам

нилски коњ

жираф

жирафа

орел

орао

диво прасе

дивља свиња

риба

риба

костенурка

корњача

морж

морж

лисица

лисица

газела

газела

американски футбол
америчи ногомет

колоездене
бициклизам

тенис
тенис

баскетбол
кошарка

плуване
пливање

бокс
бокс

хокей на лед
хокеј на леду

футбол
фудбал

бадминтон
бадминтон

лека атлетика
атлетика

хандбал
рукомет

ски бягане
скијање

поло
поло

скачам
скочити

прегръщам
загрлити

смея се
смејати се

вървя
ићи

пея
певати

моля се
молити се

целувам
пољубити

сънувам
сањати

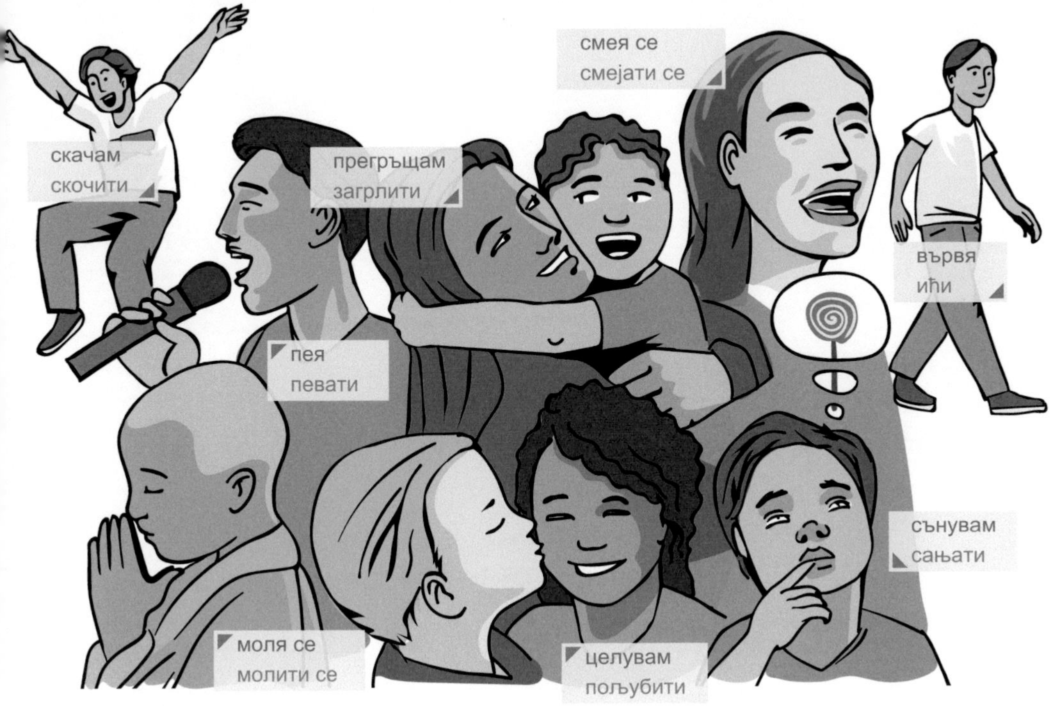

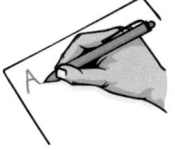

пиша
писати

рисувам
цртати

показвам
показати

бутам
гурати

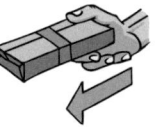

давам
дати

взимам
узети

имам

имати

правя

чинити

съм

бити

стоя

стоjати

тичам

трчати

дърпам

повлачити

хвърлям

бацити

падам

падати

лежа

лежати

чакам

чекати

нося

носити

седя

седити

обличам

облачити

спя

спавати

събуждам се

пробудити се

разглеждам

гледати

плача

плакати

милвам

миловати

реша се

чешљати

говоря

говорити

разбирам

разумети

питам

питати

слушам

слушати

пия

пити

ям

јести

разтребвам

поспремити

обичам

волети

готвя

кухати

карам автомобил

возити

летя

летети

плавам (с платна)

пловити

смятане

рачунати

чета

читати

уча

учити

работя

радити

женя се

венчати се

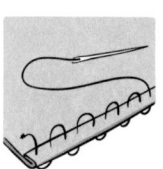

шия

шити

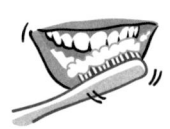

измивам си зъбите

прати зубе

убивам

убити

пуша

пушити

изпращам

послати

баба
бака

дядо
деда

баща
отац

майка
мајка

бебе
беба

дъщеря
кћерка

син
син

посетител
гост

леля
тетка

чичо
ујак, стриц

брат
брат

сестра
сестра

тяло

тело

чело
чело
око
око
рамо
раме
пръст
прст
лице
лице
брадичка
брада
ръка
рука
гърди
груди
крак
нога
ръка
рука

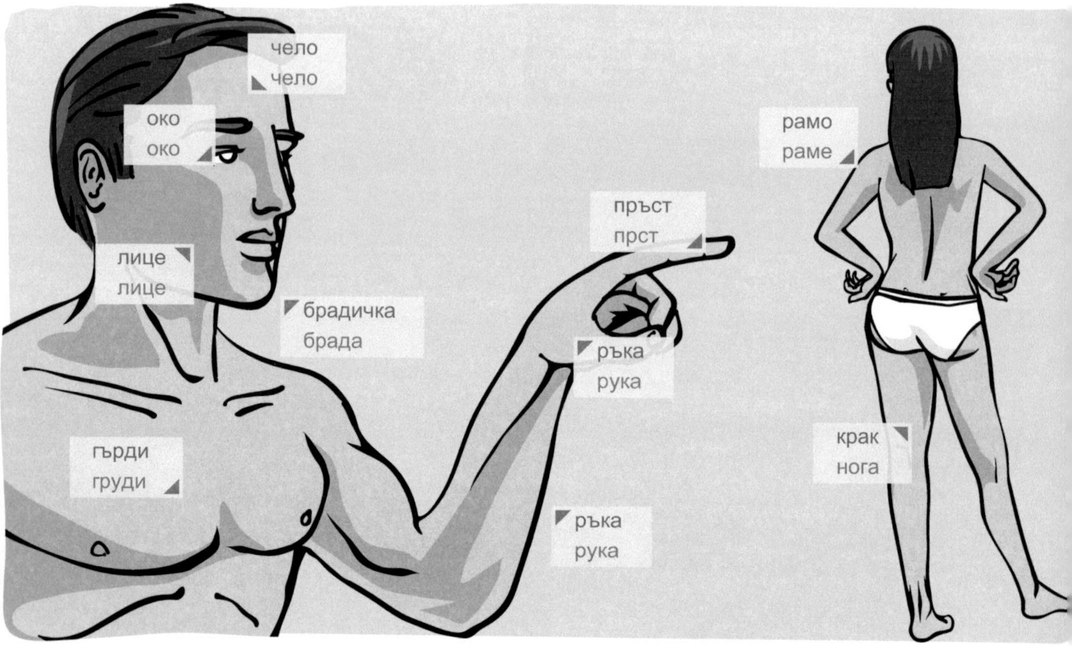

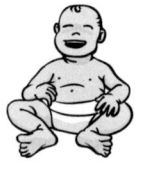

бебе

беба

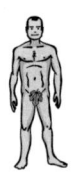

мъж

мушкарац

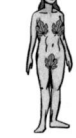

жена

жена

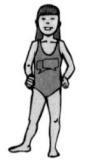

момиче

девојчица

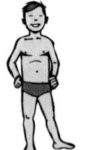

момче

дечак

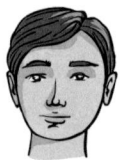

глава

глава

гръб

леђа

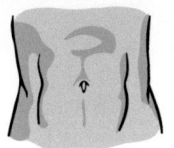

корем

стомак

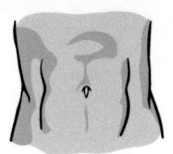

пъп

пупак

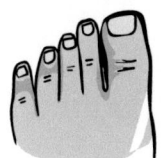

пръст на крака

ножни прст

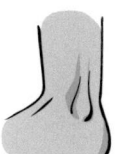

пета

пета

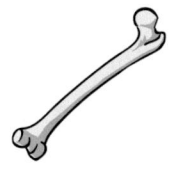

кост

кост

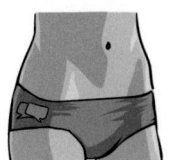

хълбок

кукови

коляно

колено

лакът

лакат

нос

нос

седалище

задњица

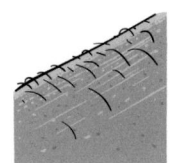

кожа

кожа

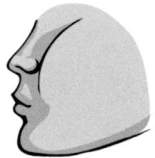

буза

образ

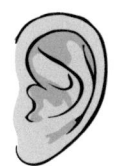

ухо

уво

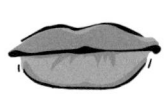

устна

усна

тяло - тело

уста

уста

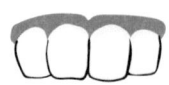

зъб

зуб

език

језик

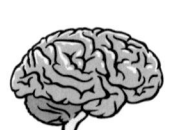

мозък

мозак

сърце

срце

мускул

мишић

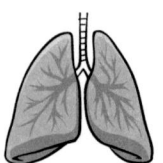

бял дроб

плућа

черен дроб

јетра

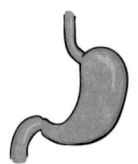

стомах

желудац

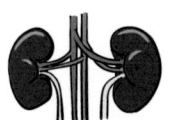

бъбреци

бубрези

полово сношение

полни однос

кондом

кондом

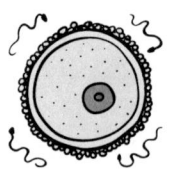

яйцеклетка

јајна ћелија

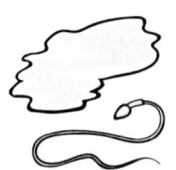

сперма

сперма

бременност

трудноћа

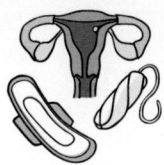

менструация

менструација

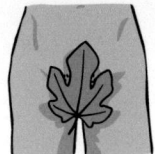

вагина

вагина

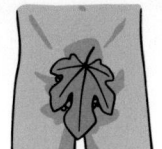

пенис

пенис

вежда

обрва

коса

коса

шия

врат

болница

болница

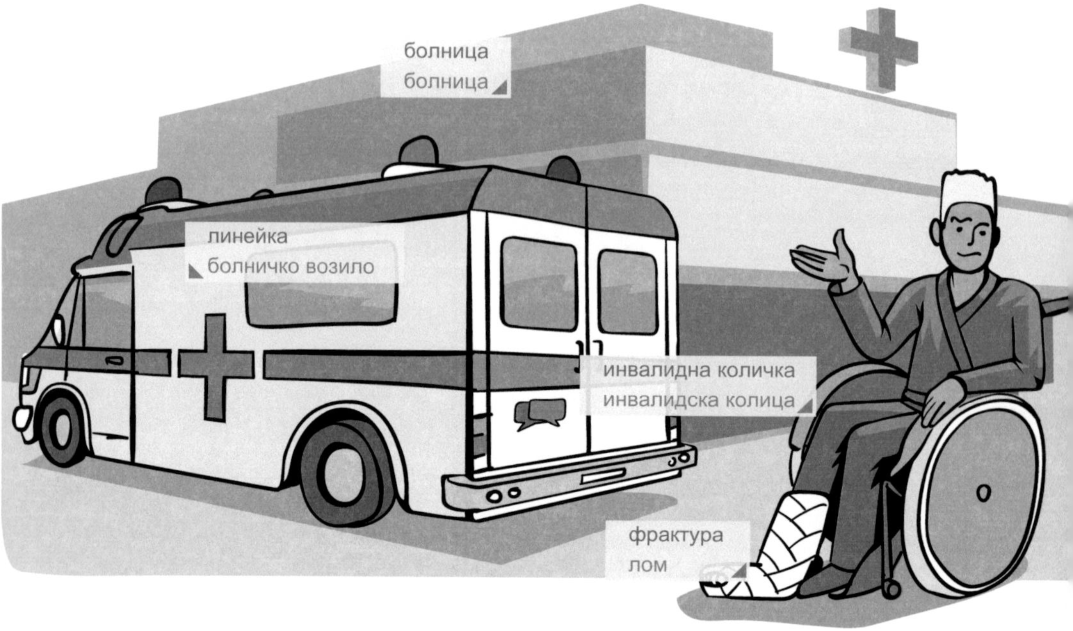

болница
болница
линейка
болничко возило
инвалидна количка
инвалидска колица
фрактура
лом

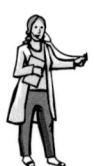

лекар

лекар

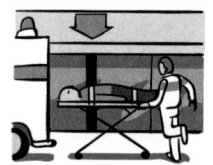

спешна хоспитализация

хитна медицинска служба

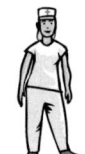

медицинска сестра

медицинска сестра

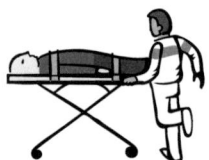

спешен случай

хитни случај

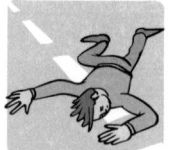

в безсъзнание

несвест

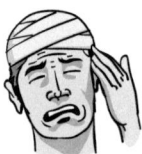

болка

бол

нараняване

повреда

кървене

крварење

инфаркт

срчани удар

инсулт

удар

алергия

алергија

кашлица

кашаљ

температура

грозница

грип

грипа

диария

пролив

главоболие

главобоља

рак

рак

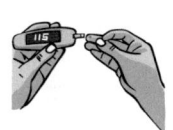

диабет

дијабетес

хирург

хирург

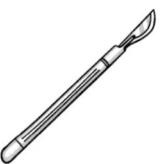

скалпел

скалпел

операция

операција

компютърна томография

цт

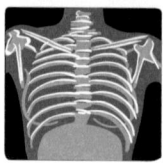

рентген

рентген

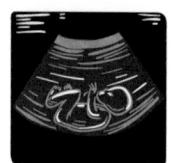

ултразвук

ултразвук

маска

маска

болест

болест

чакалня

чекаона

патерица

штака

пластир

фластер

превръзка

завој

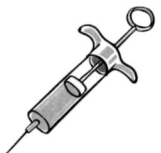

инжекция

инјекција

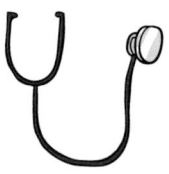

стетоскоп

стетоскоп

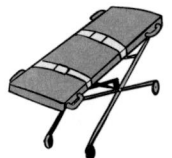

носилка

носила

термометър

термометар

раждане

рођење

наднормено тегло

прекомерна тежина

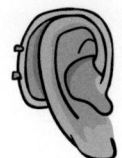

слухов апарат

слушни апарат

дезинфекционно средство

средство за дезинфекцију

инфекция

инфекција

вирус

вирус

HIV / AIDS

хив / аидс

медицина

медицина

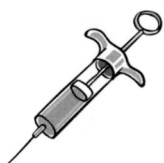

ваксинация

вакцинација

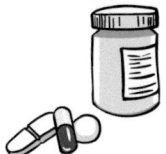

таблети

таблете

противозачатъчна таблетка

пилула

спешно телефонно обаждане

хитни позив

апарат за измерване на кръвното налягане

уређај за мерење притиска

болен / здрав

болесно / здраво

Помощ!

помоћ!

сигнал за тревога

аларм

нападение

насртај

атака

напад

опасност

опасност

авариен изход

излаз у случају нужде

Пожар!

пожар!

пожарогасител

противпожарни апарат

злополука

незгоца

комплект за оказване на първа помощ

кутија прве помоћи

SOS

сос

полиция

полиција

Европа

Европа

Северна Америка

Северна Америка

Южна Америка

Јужна Америка

Африка

Африка

Азия

Азија

Австралия

Аустралија

Атлантически океан

Атлантик

Тихи океан

Пацифик

Индийски океан

Индијски океан

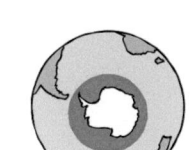

Южен ледовит океан

Антарктички океан

Северен ледовит океан

Арктички океан

Северен полюс

Северни рол

Южен полюс

Јужни рол

Антарктида

Антарктик

Земя

земља

суша

земља

море

море

остров

оток

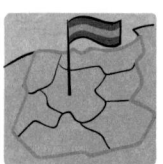

нация

нација

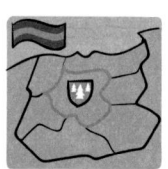

държава

држава

циферблат
....
бројчаник сата

стрелка на часовете
....
сатна казаљка

стрелка на минутите
....
минутна казаљка

стрелка на секундите
....
секундна казаљка

Колко е часът?
....
Колико је сати?

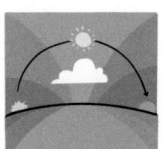

ден
....
дан

време
....
време

сега
....
сада

дигитален часовник
....
дигитални сат

минута
....
минута

час
....
час

понеделник
понедељак

MO

TU

вторник
уторак

сряда
среда

W

TH

четвъртък
четвртак

петък
петак

FR

събота
субота

SA

SO

неделя
недеља

вчера

jуче

днес

данас

утре

сутра

сутрин

jутро

обед

подне

вечер

вече

MO	TU	WE	TH	FR	SA	SU
1	2	3	4	5	6	7
8	9	10	11	12	13	14
15	16	17	18	19	20	21
22	23	24	25	26	27	28
29	30	31	1	2	3	4

работни дни

радни дани

MO	TU	WE	TH	FR	SA	SU
1	2	3	4	5	6	7
8	9	10	11	12	13	14
15	16	17	18	19	20	21
22	23	24	25	26	27	28
29	30	31	1	2	3	4

уикенд

викенд

година

година

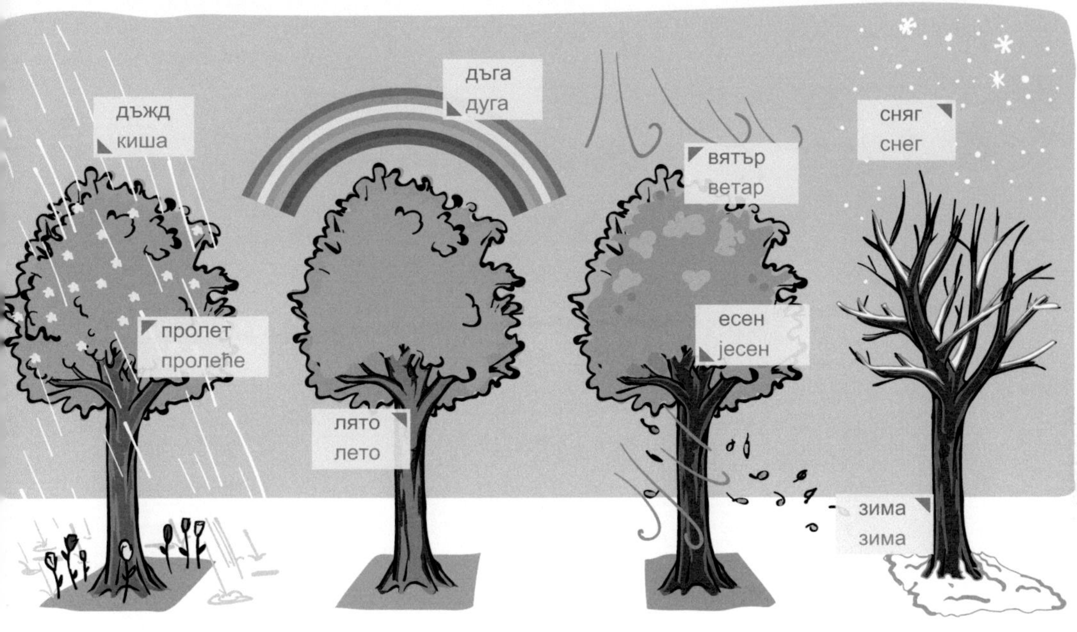
дъжд
киша
дъга
дуга
сняг
снег
вятър
ветар
пролет
пролеће
есен
јесен
лято
лето
зима
зима

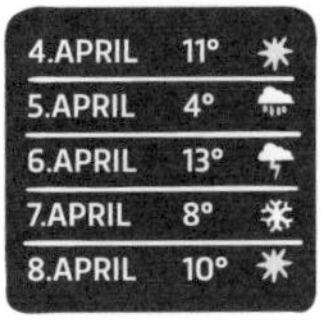
4.APRIL 11°
5.APRIL 4°
6.APRIL 13°
7.APRIL 8°
8.APRIL 10°

прогноза за времето

метеоролошка прогноза

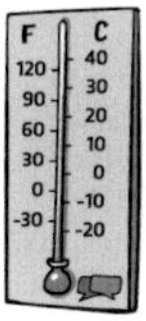

термометър

термометар

слънчева светлина

сунчана светлост

облак

облак

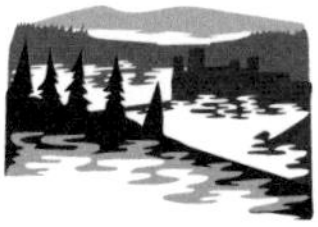

мъгла

магла

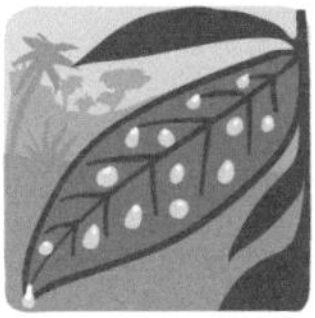

влажност на въздуха

влажност ваздуха

светкавица

муња

гръмотевица

грмљавина

буря

олуја

градушка

туча

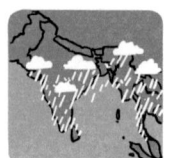

мусон

монсун

наводнение

поплава

лед

лед

януари

јануар

февруари

фебруар

март

март

април

април

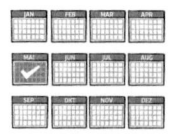

май

мај

юни

јуни

юли

јули

август

август

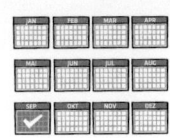

септември
········
септембар

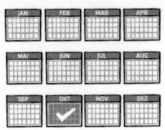

октомври
········
октобар

ноември
········
новембар

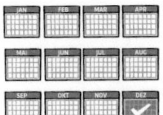

декември
········
децембар

форми
облици

кръг
········
круг

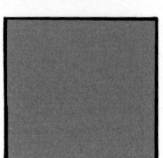

квадрат
········
квадрат

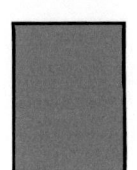

четириъгълник
········
правоугао

триъгълник
········
троугао

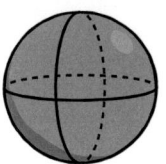

сфера
········
кугла

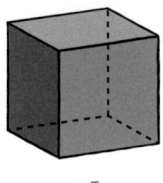

куб
········
коцка

бял

бела

жълт

жута

оранжев

наранџаста

розов

ружичаста

червен

црвена

лилав

љубичаста

син

плава

зелен

зелена

кафяв

смеђа

сив

сива

черен

црна

много / малко

много / мало

ядосан / спокоен

љутито / мирно

красив / грозен

лепо / ружно

начало / край

почетак / крај

голям / малък

велико / малено

светъл / тъмен

светло / тамно

брат / сестра

брат / сестра

чист / мръсен

чисто / прљаво

пълен / непълен

потпуно / непотпуно

ден / нощ

дан / ноћ

мъртъв / жив

мртво / живо

широк / тесен

широко / уско

ядлив / неядлив

jестиво / неjестиво

сърдит / любезен

зло / добро

развълнуван / скучаещ

узбуђено / досадно

дебел / тънък

дебело / мршаво

най-напред / най-накрая

на почетку / на краjу

приятел / враг

приjатељ / неприjатељ

пълен / празен

пуно / празно

твърд / мек

тврдо / мекано

тежък / лек

тешко / лагано

глад / жажда

глад / жеђ

болен / здрав

болесно / здраво

нелегален / легален

илегално / легално

интелигентен / глупав

паметно / глупо

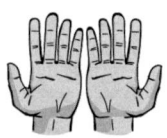

ляво / дясно

лево / десно

близо / далече

близу / далеко

нов / употребяван

ново / половно

нищо / нещо

ништа / нешто

стар / млад

старо / младо

вкл. / изкл.

укључено / искључено

отворен / затворен

отворено / затворено

тих / силен (звук)

тихо / гласно

богат / беден

богато / сиромашно

правилен / погрешен

тачно / погрешно

грапав / гладък

храпаво / глатко

тъжен / щастлив

тужно / сретно

дълъг / къс

кратко / дуго

бавен / бърз

полако / брзо

мокър / сух

мокро / сухо

топъл / студен

топло / хладно

война / мир

рат / мир

0

нула

нула

1

едно

један

2

две

два

3

три

три

4

четири

четири

5

пет

пет

6

шест

шест

7

седем

седам

8

осем

осам

9

девет

девет

10

десет

десет

11

единадесет

једанаест

12

дванадесет

дванаест

13

тринадесет

тринаест

14

четиринадесет

четрнаест

15

петнадесет

петнаест

16

шестнадесет

шестнаест

17

седемнадесет

седамнаест

18

осемнадесет

осамнаест

19

деветнадесет

деветнаест

20

двадесет

двадесет

100

сто

стотину

1.000

хиљада

хиљаду

1.000.000

милион

милион

числа - бројеви

английски

енглески

амерякански английски

амерички енглески

китайски мандарин

мандарински кинески

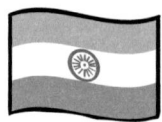

хинди

хиндски

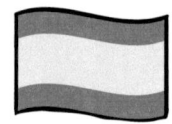

испански

шпански

френски

француски

арабски

арапски

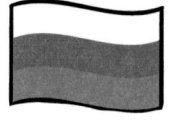

руски

руски

португалски

португалски

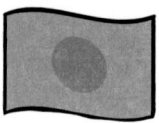

бенгалски

бенгалски

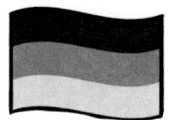

немски

немачки

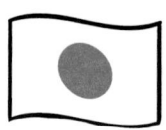

японски

јапански

аз

ja

ти

ти

♂ ♀ ○

той / тя / то

он / она / оно

ние

ми

вие

ви

те

они

кой?

Ко?

какво?

Шта?

как?

Како?

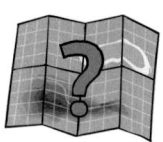

къде?

Где?

кога?

Када?

HELLO, I AM

име

име

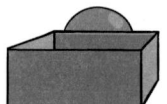

зад

иза

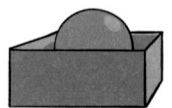

в

у

пред

испред

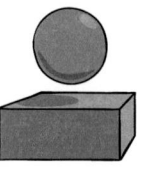

над

преко

върху

на

под

испод

до

поред

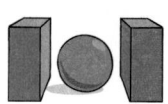

между

између

място

место